EJE DE ASIMETRÍA

ExLibric

PEPE CRIADO

EJE DE ASIMETRÍA

EXLIBRIC

ANTEQUERA 2024

EJE DE ASIMETRÍA
© Pepe Criado
Diseño de portada: Dpto. de Diseño Gráfico Exlibric

Iª edición

© ExLibric, 2024.

Editado por: ExLibric
c/ Cueva de Viera, 2, Local 3
Centro Negocios CADI
29200 Antequera (Málaga)
Teléfono: 952 70 60 04
Fax: 952 84 55 03
Correo electrónico: exlibric@exlibric.com
Internet: www.exlibric.com

ISBN: 978-84-10076-65-5
Depósito Legal: MA 1578-2024

Impresión: PODiPrint
Impreso en Andalucía – España

Nota de la editorial: ExLibric pertenece a Innovación y Cualificación S. L.

PEPE CRIADO

EJE DE ASIMETRÍA

A Pablo, Carmen y Alejandra

Un bosquejo

El lugar donde se origina este poemario es en la instantaneidad del sentir que ha ido aflorándome. Esta aseveración valida los caminos por donde ha ido transitando en el instante mismo de su génesis y en ese mismo método los he mantenido. Es un aligeramiento al ser exhibido en el versículo.

El soplo antes aludido es la sinuosa línea que nos atraviesa en nuestro día a día, desanudando las ataduras y escapando del confinamiento inherente en el que nos encontramos. Un rumbo en el que me veo enredado, explorando ritmos y formas que pretendo atravesar. El haber podido dar cuerpo a este *Eje de Asimetría* es el aliento buscado hacia la libertad en que me apetecía ir discurriendo y donde me gustaría que se agarrara para poder estar inestablemente equilibrado, a sabiendas de que a veces, o casi siempre, será una utopía.

El inordenado poemario es una constante del momento vital y abierto en el que nació y se entretuvo en persistir. Interpelado por la realidad del momento en el que estoy, no puedo decir o hacer hoy lo que ya hicieron los renacentistas de nuestro Siglo de Oro en el s. XVI; no puedo decir ni hacer hoy lo que ya se encargaron de escribir nuestros místicos; no puedo decir o hacer hoy lo que ya se preocuparon de dejarnos los fantásticos poetas de Sefarad y los andalusíes, enfatizando el encontrarse todos ellos pendientes del reconocimiento que su condición les otorga y sus legados irrefutables los acreditan. Esta imprescindible influencia es la que me ha marcado significativamente por quienes los sucedieron en el tiempo, desde el vigorosísimo Romanticismo y Modernismo, la Generación del 27 y sin olvidar, muy expresamente, la prolífica y espléndida generación llamada de los 40 y 50, más los para mí esenciales Manuel González Prada, César Vallejo, Juana de Ibarbourou, Eugenio Florit, Alejandra Pizarnik, Concha Urquiza, Leopoldo Lugones, Gabriela Mistral y tantos y tantos muchos otros que me vienen abriendo los ojos, marcando las sendas y de los que espero me puedan seguir abrigando. Ellos me han agasajado y ellos mismos, y en primera persona, fueron el aguinaldo como dádiva.

A pesar de todo, será la tinta la que vaya marcando el meandro a seguir; no soy dueño de ello. La sensación de vacío y ausencias, incluida la mía propia, tienen también algo que ver; mi supuesta sensibilidad no deja de ser otra variable por la que me desplazo y sobre la que se contonea este poemario que hoy ve la luz.

El proyecto es la angustia, laudatoria o reprobatoria, desde la nada a las circunstancias y sus proyectos. Las dos vertientes antedichas se organizan en la unidad, sesteando en la concavidad del valle que conforman estas páginas ahora abiertas. En su estructura, existen unos hilos por los que el funambulado verso intenta balancearse, con la aspiración de haberlo logrado y a la espera de que, en el peor de los casos, la red los haya podido salvar en su caída por el despeñadero, con el que se hubiese dado de bruces terminando hecho astillas.

El bramante que lo ata es cada uno de los poemas por sí mismo, la coyuntura polirrítmica y la ausente metricidad, lo que seduce, induce y, con suerte, nos puede ubicar o llegar a provocar alguna sensación.

La confusión entre lo respirado y lo ausentado, la sobriedad y la ebriedad, es estar o haberse ido, otro camino, casi siempre complejo de esta imprescindible existencia que subyace, ante todo, la esperanza trascendida de haber podido recorrer desde el hecho de haber nacido y al menos hasta hoy en que esto escribo —la intimidad de hablar conmigo— y dejar que los demás oigan el ojalá que aglutine algo de lo por mí asomado al brocal.

La realidad de esta algo larga intentona de entradilla, lo que la autentificará, será la cita de Álvaro de Campos, uno de los heterónimos de Fernando Pessoa: «El único prefacio a una obra es el cerebro de quien la lee».

Pepe Criado

Proemio

En este poemario, el autor nos presenta una obra que se aleja de la simetría y la regularidad, en favor de una expresión más libre e impredecible. Los poemas se caracterizan por su variedad temática y estilística, abarcando desde el amor y la nostalgia hasta la angustia y la frustración.

Pepe Criado nos explica que este libro es el resultado de un proceso de exploración y experimentación, en el que ha buscado encontrar su propia voz poética. Ha recurrido a las influencias de la poesía hispana, desde el Siglo de Oro hasta la actualidad, pero siempre con la intención de crear algo nuevo y original.

Los poemas de *Eje de Asimetría* son una invitación a la reflexión y la introspección. Nos invitan a explorar nuestros propios sentimientos y emociones, a cuestionarnos la realidad que nos rodea y a buscar un sentido a la vida.

En el siguiente análisis, nos centraremos en los principales elementos que caracterizan este poemario:

LA LIBERTAD Y LA EXPERIMENTACIÓN

En *Eje de Asimetría*, Pepe busca liberarse de las restricciones de la forma y el estilo. Los poemas de este libro son de extensión variable, con estructuras y ritmos irregulares. El autor utiliza diferentes recursos literarios, como la metáfora, la sinestesia y la personificación, para crear imágenes y sensaciones evocadoras.

LA VARIEDAD TEMÁTICA

Los poemas de *Eje de Asimetría* abarcan una amplia gama de temas, desde el amor y la nostalgia hasta la angustia y la frustración. Pepe Criado no se limita a un solo tema, sino que explora diferentes facetas de la condición humana.

LA BÚSQUEDA DE UN SENTIDO

Los poemas de *Eje de Asimetría* están impregnados de un profundo sentido de la búsqueda. Pepe se pregunta sobre el sentido de la vida, el amor, la muerte y la existencia. Su poesía es una invitación a reflexionar sobre estas cuestiones fundamentales.

En conclusión, *Eje de Asimetría* es un poemario ambicioso y original, que ofrece una visión personal y reflexiva de la condición humana. Es una obra que merece ser leída y releída, para descubrir nuevos significados y matices en cada lectura.

Ana María Díaz

I

ANDANDO

No me apellido Perseidas,
tampoco Dracónidas,
y mucho menos Vía Láctea,
pero también soy estrella
y brillo lo suficientemente
para seguir estando aquí,
en este cielo llamado tierra.

Lo del nombre es lo de menos,
la categoría no es cosa de estirpe,
calidad humana le dicen.
El brillo existe por permitirlo el aire,
diáfano, espacio, energía,
la distancia en el enorme viaje,
lo tupido no es avance.

Estar estancado es triste.

II

ALOJADO EN LO POSITIVO

El mundo está lleno de cosas mágicas
que esperan pacientemente
a que el ingenio aparezca para crecer.

Bertrand Russel

¿Qué me pasa?
No lo sé.
¿Qué quiero?
No lo sé.
¿Por qué dudo?
No lo sé.
¿Qué lamento?
No lo sé.
¿Por qué temo?
No lo sé.

Al espejo donde me miraba le faltaba algo.
Examinaba una y mil veces,
no le encontraba nada.
Me reflejaba yo en sus azogues,
cavilaba, sin descubrir ápice alguno.
Un día vi lo que pasaba:
en su base de datos no existía el semblante grato.

Sabía algo de mí,
me iba conociendo,
era consciente de no distraerme en lo pretérito
para centrarme en lo venidero.
El ayer, ganado, perdido o igualado, ya fue.
Mañana y pasado será.

Siempre supuse que por allí habría algo.
Su luz era distante y fácilmente visible.
La tierra escabrosa dificultaba,
no impedía.
Quise llegar, tenía que hacerlo,
trabajando pude estar leyendo en esa luz
que alumbraba.

En el camino había precipicios.
Abancalándolos, hice escalones grandes;
las rocas las fui barrenando;
las calmas las fui rastrillando.
La vida bombeaba fuerzas
de ilusiones como objetivo.
Inercias.

Por mucho que sea su guarida,
el pájaro tiene que salir del nido volando.
Lo eficiente utilizó sus alas y encontró un mundo,
encontró avatares y dobleces.
El espacio buscado le hizo regalos.
Cometer errores y corregirlos le ayudaron.

Agarrado a lo pensado y decidido,
motivado en la ilusión de lo deseado,
inspirado, aprendí que el triunfo tenía forma de trabajo.
Planificando las opciones ofrecidas,
adelantándome a lo que ya se veía venir,
logré el poder de que fuese y pudo ser.

La vigencia del sueño es perenne;
el esfuerzo del logro, de por vida.
Desde donde yo veía,
los amaneceres siempre traían luz
en el túnel de la *tempranidad*.
Transitaba un optimismo.

El miedo eran piedras en los bolsillos,
la acción pujanza;
el momento energizado llega más lejos;
mentalidad, voluntad y deseo,
mi empeño ocupando el tiempo.
La negatividad como regalo en el rechazo del desprecio.

Lo quise, intentó frenarme el pánico,
hablé, me hablaron y las palabras empujaron.
El momento vigorizado
transportaba hasta después de lo lejos.
Me desafié para buscarme y me encontré.
Logré ser proactivo, soplos empujando detrás mía.
Alivios.

Me di cuenta de que estaba conviviendo
con el ánimo eficiente.
Cuando llegué, aquello estaba lleno de espejos,
tenían rictus de sonrisas y reían.
Me alojé en el positivismo.
Empecé a hacer lo que antes me daba miedo.

III

EL ÁRBOL LLORADO

Cerrar los ojos… no va cambiar nada.
Nada va a desaparecer simplemente
por no querer ver lo que está pasando.
De hecho, las cosas serán aún peor
la próxima vez que los abras.
Cerrar los ojos y taparse los oídos
no va a hacer que el tiempo se detenga.

Haruki Murakami

El árbol sajado,
lloró desde sus más adentro
aquello de lo que vio vivido
y lo que le hubo regalado la vida.

Lo exhalado y rebosado
en sus lacrimales
fue tachado de ser un romántico,
una manifestación expresada por su ideario.

Sentía una afonía hendida,
una voz no salida,
un pensar no escrito,
llorando decía aquello oprimido dentro.

La superficie de lo dicho
desde su estantería de líneas concéntricas
quería ambicionar un canto expresado
en lo que iba decantando su llanto.

El árbol, quedándose solo,
pretendía ver todo,
todo aquello que él no quería.
Le iba doliendo la vida.

Se tapó las llagas que le hubieron dejado
en el transcurrir de los años,
aquellas talas que le estuvieron haciendo.
Mejor no ver nada.

Sabía que taparse los ojos era cobardía,
se avergonzaba cuando los destapaba.
Casi siempre, dejaba las ramas entreabiertas
y veía lo que no ansiaba avistar.

Buscaba el remedio,
existía un soñador desvelado
intentando ser el poema.

IV

PROSTITUCIÓN

Si nos dejáramos llevar por la tradición,
sólo irían palomos a las casas de lenocinio.
Ninguna lo ejercita por vocación,
todas por lujo o necesidad;
la clientela siempre la misma,
el dinero, la promiscuidad, el vicio y la insatisfacción.

Otra medalla para el hombre
manoseo de viscosidades
ambos, dos que andan al unísono
por los similares rieles y caminos,
carnalidad, animalismo,
depravados y pervertidos.
Lo franquean ellos y entonces está bien hecho.

Pagamos porque cobráis
y, como me cobráis, yo tengo el derecho.
El albañal del sexo.
Heces en la cabeza
y basura en el corazón.
Cada uno en sus adentros, más de lo mismo.

El bizarro es el dinero.

V

EL PÁJARO ME FUE DICTANDO

Quise anotar una cosa sobre ti en el cielo,
me alumbró la luna,
descubrí el horizonte muy lejos.
Al escribirlos con tintas de relente,
fueron los pájaros quienes sujetaron el tintero,
se fue disipando el texto
y sólo quedó el ¡te quiero!

Cuando de ti trato de apuntar algo
y los renglones salen rectos,
es que lo escribí en el firmamento.

Dice mucho de tu influencia en mí.

VI

NO ME AVERGÜENZO

POR HABER ERRADO

No me avergüenzo por haber errado.
Ayer fui más torpe en la equivocación.
Hoy, que me he dado cuenta,
estoy más centrado.
Todo el mundo me afeó mi yerro.
Yo he podido aprender que a los demás
les puede pasar igual que a mí.
Gracias por la oportunidad.
He aprendido a pedir disculpas
y a saber que la palabra «reconocer»
se escribe lo mismo al derecho que al revés.

Gracias, vida, por haberme enseñado algo bueno.
Quiero crecer junto a los demás,
quiero distribuir mis mejores sentimientos
y quiero regalar mis éxitos.

VII

ESTOY DESORIENTADO

Estoy desorientado.
Nací un día ya pasado hace tiempo
y, desde entonces, he venido ocupando
muchas camas, no para dormir,
para encontrar el espacio
por donde yo me estaba hallando.
Desposeído de todo,
incluso de mí,
allí fui encontrando el hueco
hasta conmigo mismo.

Al desnudo, charlaba y me reprochaba,
sincero, siempre había allí una lámina donde mirarme.
Despierto y en mis imperfecciones, me tramitaba los pasos;
intentaba hacerle caso.

Me advirtió de buscar trechos,
me recomendó que compartiera mis secretos,
me pidió que lograra las trascendencias,
me ayudó a encontrar mi mejor versión
y, al final de todo,
me enseñó a ofrecerme yo,
a regalarme al amigo,

la mayor fortuna que yo tenía
y, además, existía,
no cotizaría en bolsa
y sería mi primordial valor.

La verdad aprendida y la amistad ofrecida,
como provecho inmaterial imperecedero en el tiempo.
Tenía ese amigo que el céfiro me imploró que tuviera.
La fortuna me hubo visitado hace tiempo.

VIII

UNA CAVILACIÓN

Una vez pensé y aquello germinó,
nunca supe por qué mi cabeza fue un semillero.
Aquel día decidí que necesitaba cuidados.
Desde entonces, no paro de ejercitarme
en mi día a día:
me afano en levantarme,
me afano en superarme,
me afano en aprenderme,
me afano en equilibrarme,
me afano en tener ideales limpios.

Desde el parapeto de mi plantario,
sueño en aquello que pienso,
sueño en personas construyendo,
sueño en personas de ideales nobles,
sueño en personas calmadas,
sueño en personas que se controlan,
sueño en personas con libertad.
Respiran.

Todas las escaleras suben a los cielos.
Mientras la bellota se estimula en la encina,
en mi invernadero sembré muchas utopías.
Al final, vino a resultar que todos
éramos nosotros mismos.
¡Qué cabeza la mía!

IX

FUTURO

La ilusión está en el futuro,
lo venidero está allí,
hay que ir a recogerlo.
El pasado estaba gritándome dentro
y veía que estaba pasado de moda.

En mi personal ingeniería,
para no caer en el mismo error,
tuve que reinventar las cosas.
El haberme afianzado en un estilismo
era un lastre con aquello que hacía.

Ser actor de mi propia historia, y el error,
representar lo anterior como una obra.
El chaqué y los valses fueron,
estuvieron allí en blanco y negro.
Reincidir es malgastar la persona que fui.

Nada es igual que lo imaginado.
El beso aquel que tanto soñé,
casi sin darme cuenta,
ya tampoco era el mismo.
Y yo menos.

Las cicatrices fueron marcadas a fuego,
las ramas fueron trepando muy lejos,
el lenguaje gesticular, mi rictus, me delataba.
Una emoción dicha en la metáfora
es la que fui guardando en el silencio.

Casi siempre, la mejor palabra es la ausentada;
se acierta muchas veces.

X

Depende del día

Depende del día,
un día estoy alegre,
otro día estoy triste,
un día estoy afable,
otro día estoy de mala uva;
depende del día.

Cuando lo hube escrito,
pude estar plácido o rezumando,
dependiendo del día,
podía estar bebiendo una algarabía,
podía estar bebiendo una flor,
podía estar bebiendo un amor,
podía estar bebiendo una verdad,
podía estar bebiendo una tristeza,
podía estar bebiendo un horror,
podía estar bebiendo una malicia,
podía estar bebiendo una villanía.

Hay días que ando para adelante,
hay días que ando para atrás,
muchos días siento miedo,
muchos días veo miradas de mortales,
que miran y me están mirando.

Han pasado muchos días.
He intentado aprender a callar,
hay días que lo consigo
y me callo.
Ese día me sereno conmigo.

Algunos días pienso en un amigo,
otros días releo un libro,
esos días tengo el pensamiento tranquilo
y, entonces, vivo en el *Arrepentimiento*
de Concha Urquiza…
y me acuerdo de mis hijos.

> *Por lo que te he ofendido, dulce cariño mío,*
> *quiero ser a tu anhelo cual sería el rocío:*
> *tierna, dócil y humilde como el agua que mana*
> *y se ofrece a las llagas de la miseria humana.*
> Concha Urquiza

XI

Nunca estoy solo

Por el valle de la huella pasamos todos,
la marca está ahí.
Lo escribí y no estaba solo,
no coexistía con el silencio.
Había un tiempo vivido
y un tiempo que había visto,
y un viaje que había hecho,
y unos libros que había leído,
y había estado hablando con un amigo.

Después de haber escrito,
me llegó la duda.
Alguien podría incluso leerlo algún día,
ya estaría pasado de moda,
lo habría escrito hace excesivo tiempo,
de hace muchos más días que los ayeres vencidos.

Ese posible lector
podría ayudarme a no estar solo.
El hecho de serlo
ya era cómplice en mi compañía
y lo estaría leyendo cualquier otro día,
mucho después de ese otro,
en el que yo lo pude haber escrito,
de hace algún tiempo, algún día.
No estoy solo.

XII

EN ESTAS TIERRAS NUEVAS

En estas tierras nuevas,
el aura me está robando el aire,
las abejas escasean
y entre poluciones, exiguas,
van zumbando casi nada;
sonido íntimo, un bisbiseo sigilado.

Desparramados cirros van tapando soles,
las sombras son inconsecuentes con ellas,
quedan pensamientos que, a pesar de todo,
siguen fluyendo cavilaciones.

La ciencia y los poetas,
hurtados de sí,
sonríen a las nadas y a los todos;
sus erigidos intangibles
los hacen exclusivos.

Habiendo adquirido la ilusión de la forma,
Atenea, orgullecida,
le habló de ellos a Homero.
Enorgullécete, conocimiento.

XIII

Anodino

Ha llovido, precipitó no hace mucho,
la tierra mojada huele a ella,
el escurrimiento quiere expresarse,
la vocación pobre le mira, le espeta,
vete adormecido en tu corta vida,
el barro te enturbia,
tu epitelio intimida con el fondo.

Eres un susurro olvidado en el rumor,
apagado, no alcanzarás orilla alguna ni destino,
ni canalillo ni regato ni acequia.
Lo etéreo no tiene consistencia,
el canuto no tiene médula.

XIV

AMUSTIADO Y MUCHO

Amustiado por la cuesta, por donde frecuenta el calor
y recitando el *Don Juan Tenorio*,
llegué al camposanto.
Chorreones de cera y pétalos de crisantemos blancos,
en los mármoles del inmenso damero,
bailando las fechas, los nombres y algún retrato.
Yerba, gatos y montones de flores secas.

Los extintos yacidos,
esperando poder ser el pájaro fénix,
los hubieron engañado;
una vez guadañeado
y en el tránsito del óbito,
queda poco;
como mucho, un paseo a hombros.

Presentes a todos en el recuerdo —reminiscencias—
el rato que dure la corona fresca,
un crespón negro,
recuerdo de vida aprovechada
en el sendero que se anda pronto;
para eso nacieron
y, de estos, los panteones están repletos.

Llueven gotas de olvidos.
Lo adecuado es no encontrase allí dentro,
la impotencia del sin provecho,
ganancias del floristero.

XV

EN EL FRÍO CALMO

En el frío calmo brilla el sol,
bruñe los pocos nardos que van quedando.
Lejano, me arrellané en la sombra;
sentado en el antes,
quise recordar el después.
El cauce pasaba flemático,
seguía, nada deja, nada regresa,
las manecillas repetían,
eran ya de otro día.

Quise vivir en el gozo
del beso, del abrazo y la caricia,
el del uno junto al otro,
olvidado el trémulo,
viviendo en lo sosegado
—la limpidez de la inocencia—,
alejado por la distancia,
acercado por lo próximo,
tímido en mi retiro.
La calma sosegó los nardos y me encontré yo.

Atraído por mi compañía, supe quién era.
Asomado en mi pretil, vi que era yo mismo.

XVI

ALEJADO DEL INSTINTO

Alejado del instinto,
la palabra perdida,
traté de guardar algunas en la garganta.
Pasado bastante tiempo,
decidí sacarlas de mis adentros;
poco a poco las fui tejiendo,
fabriqué un vestido de poesías.

XVII

EN LA VENTOLERA

En la ventolera,
chocaban conmigo flores náufragas.
Anegado, conforme iban viniendo,
como pude me las fui tragando.
Una vez tuve suficientes,
las fui encamando en un cartucho
para hacerles cuentos a los niños.

Se hubo apaciguado el viento,
quedó una brisa fresca
y, a la sombra de un almez,
veía niños leyendo fábulas.
Sin delatarme, los miré.
Apaciguado, me fui a buscar más vientos.
Había muchos niños necesitados de leer,
ellos declamarían alguna vez
sus alegorías hechas versos.
Poemarios de ellos.

XVIII

En los escalones del zaguán

En los escalones del zaguán
se sentaron mis ojos.
No quise alzar la vista,
solamente adoquines y musgo,
no compensaba ver algo,
mejor nada.

El gran silencio de la mirada,
la melodía rota de los pájaros,
sin volar y sin gorgoritos.

No pasaba ni pasará nadie.
Hacía frío.
En el ahora,
sin pronunciar una sílaba,
pensando, siendo y siguiendo conmigo,
a solas.

XIX

CAMINANDO EN EL CAMINO

Viaje al pasado, presentado en el lamento,
un desgarro a todo lo no hecho.
Prefiero aprender lo que no sé;
la flor cortada solo aspira a amustiarse
o ser desecada.

La lejanía vista desde el puerto
me deja ver las proas que se acercan,
la rompiente de las olas,
las valvas de las conchas arrastradas que regresan.

Luminarias cintilantes alumbran nidos.
El camino hay que recorrerlo
y, si tropiezo,
que sea en el aforismo que alumbra.

En el pentagrama había escrito
vientos que van a llegar
—las popas son las que navegan para allá—.
Quiero pisar las arenillas del litoral,
prodigiosas, siempre vienen y van,
enamoradas de la arena.
Es su mar…

XX

Lo exagerado siempre es mezquino

Estaba callado, su mente le dictaba,
lo repetía en su congénito desatino;
pretendía ocupar el espacio de los demás.
Tenía un papel escrito,
predicador en el discurso del agravio.

Como mezquino que era,
se montó en la hipérbole
quedándose con lo baladí.
Esperpento, sinónimo de ridículo.

Se tapaba en la trinchera,
del él como ejemplo.
No se había enterado,
suponía ser perfecto
y vivía en el propio infierno;
él se lo creó y se lo creyó.

Allá él,
después que no gima.

XXI

RESIGNACIÓN

Hace, hace muchos años ya,
murió mi padre;
nunca lo olvido y apenas me acuerdo.
He vivido en el resigno.

Hace, hace muchos años ya,
aprendí a volar;
nunca lo olvido y apenas me acuerdo.
He vivido en el resigno.

Ni vuelo ni tengo padre,
vivo, porque sigo estando vivo,
viviendo resignado
y todos los días convivo con aviones
y con mi padre.

Vuelo y no estoy huérfano.
En el chequeo y en la caricia
me sigo apuntando las horas y los besos.

XXII

QUIERO VER EL BARCO QUE LLEGA

Quiero ver el barco que llega,
enseñándose,
el que viene diáfano en el aire.
Quiero brindar con lo aparecido,
apaciguado,
quizá incluso en la boira encalmada,
dormido en la mar,
envuelto en la plegaria,
despacioso, silenciado,
desnudo, disgregado,
acercado al aura que entra a los adentros
y la límpida veste.

En la niebla rasgada
había fisuras que dejaban ver.
Ojos de cualquiera o frecuentes
miraban a lo lejanamente.
En las coyunturas bebían el habla,
fijos, sentados en el umbral de la mirada.

En la memoria de este mundo alguien sueña,
un ritmo de un amante,
un lugar prohibido,
un beso furtivo,
un dato confuso
o una flor que estaba abriendo.

Liberada, la garganta se desataba.

XXIII

LA LUZ APAGADA

El tronco dijo árbol,
el tallo dijo flor;
no se estaban dando cuenta:
a la lira le habían cortado las cuerdas.

La mentira como alimento,
la lisonja para falsear al enemigo,
el ditirambo reinante.

¿En qué sociedad estoy viviendo?

La lista de turbaciones es larga,
el exterminio como ofrenda al sacrificio.
Faltan altares y sitios.

El gasto de ir encendiendo luces
es un derroche.
El crepúsculo canso, apagado.

El hastío mejor en oscuro:
estarán callados los pájaros
y los niños dormidos.

Estoy cansado, estoy viejo y tengo asco.
Por mis aledaños, veo trotando ocasos.
Vivo en la náusea.

XXIV

LOS SIN CASA

Los neones encendieron la noche,
algunos niños cantan;
son los sin casa,
en su pregón de vender cariño.
Un halago, una carantoña y un aliento,
olvidar sus miedos y sus traumas.

Suelto del noray,
se olvidaron los senos y chicotes;
sin sacos de armonías sonoras,
sin atar, los van arrojando a la calle ausentada
de pentagramas no escritos.
A lo lejos, una sinfonía hubo terminado,
lo huido había llegado.

Los niños se esmeraban en alzarse y decir algo.
Nadie procuraba oírlos, eran niños sin nada
que aportaban mucho menos que poco.
Un niño pobre es un residuo
lleno de amor y de ojos… y miradas de nadie.

No les interesa a los entornos.
Un encuentro en un lugar de la fusión del aire,
una levedad cortada y sin nada,
antorchas apagadas en corazones latiendo
y sin nadie a quien decirle te quiero.
¡Y ellos saben dar todo!

XXV

Veía venir la noche

Es cierto que no lo sé.
La proximidad de la cercanía
sigue avanzando;
quiere ser con premura,
con mucha más de la que desea.

Seguiré hablando mientras empuje.
No sé cuánto pueda alejar mi mano,
ojalá más que con las piedras.
En un momento me iré distanciando,
no quedará nada;
si acaso, alguien hará algún comentario,
espero que no sea demasiado malo.

Acallado en lo todo,
en la serenidad y la obcecación,
me habré ido, quizá de donde vine.
No tendré mirada buscando refugios,
la jaula ya callada y vacía, y el palillo roto.

Un día casi petrificado,
un rato incandescente,
el resto muy ausente,
entre las nebulosas que no se aprecian,
yacido en el vértigo del caballo que vuela.

La memoria, un niño extraviado en la niebla,
el por si acaso concluido. Adiós, destino.

XXVI

PRIMER AMOR

Lo amado es lo conocido,
lo protegido es lo amado.

No quería que nadie lo supiera,
siquiera yo.

Era mi secreto prendido adentro,
era mi primer amor.

En mi desorden, y a pesar del reloj,
estaba bien escondido.

Vivimos juntos, cambiaron muchas cosas,
todo menos el íntimo querer.

El susurro no terminaba, se dio dentro,
cuando me besaste el alma.

Sufríamos y reíamos juntos;
pasó, porque era imposible.

Desafiando la lógica impredecible,
sencillamente increíble.

El milagro es seguir sensibilizado intramuros.

XXVII

UN SOPLO DE VIDA

El sol cantaba estrofas,
un amaneciendo.
La noche lucía inquieta,
un despoblado.

El mediodía de lo alto,
un niño esbozando sonrisas, juegos y cánticos.
¡Quédate, sol, en tu azimut marcado!

El salto de agua traía vida
y la palabra sanaba.
Visiones, los pájaros seguían volando,
diciendo el deseo espontáneo.

El regreso frecuente,
empeño, pasión, sueños y baladas,
antecámara que respira fuerte.

En la sonrisa, una mirada.

XXVIII

HACE MUCHO TIEMPO

Hace mucho tiempo que hube amanecido yo,
crucé muchos solsticios y equinoccios,
transité en la búsqueda de la claridad;
en la retina deslumbraban los destellos.

Por los mares y los cielos,
por los días y las noches,
es cierto que busqué y encontré
y sigo explorando.
Hay cosas que no se alcanzan nunca.

Hay que intentarlo
y seguir explorando.

XXIX

En el vestíbulo de la percepción

En el vestíbulo de la percepción
oía zarpar navíos y palabras,
vapores y términos,
próximos y lejanos,
algunos decimonónicos,
otros atauriques
y varios en romaní.

Somnoliento, miraba cómo iban pasando.
No veía mucho,
aspiraba a hablar algo o, al menos, entenderlos.
Entre los pedazos que iba encontrando,
en la hoguera crepitaban pétalos encontrados,
acicalados, brotaban palabras disfrazadas de algo.

Decían,
iba aprendiendo.

XXX

DE DONDE VIENE LA BRISA

De donde viene la brisa,
llegan los susurros,
quejíos cantores de guitarras y violines,
espejillos, platillos y palillos.
Como contrapunto, el rasgueo del pandero y el golpe,
vestío con rayas de colores, faja y delantal.
Desde donde está el campo,
también se ve la mar.

Olamos a tomillo, alhucema y jara,
las manos llenas de benevolencias,
los frutos de la abundancia en el momento,
es la música en el anhelo.
Desconocida en el cimiento,
lo ancestral, la cadencia del compás.
Esa torre de armonías para el cielo,
peldaños atados por el alcalde
con las cintas de su bandera.

Deambulando por esos cerros,
de cortijo en cortijo,
sonámbulos, días y noches seguidas sin descansar.
La panda en su fiesta mayor,

particular Día de los Inocentes,
el del celebrado solsticio de invierno,
mágico, pagano y espiritual,
de los Montes, de Almogía
o con el laúd de Comares.

Acoso del zángano en el cortejo,
el triunfo de la reina,
el soniquete sonado es un fandango de amor,
es un verdial.

XXXI

ESCONDIDO EN EL PUDOR

Escondido en el pudor,
puse la mano abierta.
Ofrecido, quise dar cuanto tenía.
Alguien, no sé quién, vino amustiado,
invisible y sin espacio.

Las horas eran arbitrios;
estaba nublado,
el sol por arriba de lo cubierto,
sólo había sombras
y se iba agazapando.

Le regalé,
hízose la luz.

XXXII

Siéntate a mi lado

Siéntate a mi lado.
Nos abrimos el pecho y brotaban pétalos.
Suéltalo, los soltamos.
Bebió conmigo una vida que no había visto,
un deseo orgiástico anhelado.

Era una atalaya entre cumbres,
entre luz y luz, entre campo y campo,
sin haberlo querido,
hubo vivido un hombre.

El artilugio inventado de hacer vida,
un repertorio de existencia latida.
Vivió mucho y mantuve el ofrecimiento,
puede que lo precisara otro.

Lo agradeció y tuvo.

XXXIII

LO CUIDABA UN JARDINERO

La retícula de arriate ceñía las flores,
parece grande,
en la brisa que se oye,
en el olor que se escucha,
el resto colores;
ajustado en su recogimiento,
una eclosión.

De borduras recortadas,
un piropo enmarcado,
un proyecto de olor.
Despaciosamente, lo hizo un jardinero.
Él lo cuidaba.

XXXIV

LAS NINFAS DANZAN

Las ninfas danzan,
trepan a los árboles.
Espumas verdes y ocres van cayendo
sobre un mar de alfombra concebido.
Recuerdo de reminiscencias,
la arboleda y lo florido,
la corriente de aire tenía su discurso,
la naturaleza hablaba.
El eco de una vaharada cadenciosa,
disciplinado abigarro en la caricia de las hojas,
escuchábamos todos;
redimido en el parco viento que me llega,
el recuerdo otrora es ahora.

Un paseo entre bellotas, castañas y setas.
Aleteaban manantiales de otoño.

La vida se regenera.

XXXV

IDÍLICO

La fuente, averdinada, iba goteando,
indolente, en su despertar soñado;
deseaba que viviese en ella un Neptuno con tridente;
imaginaba ser playa de chinas y cantos.

Al resguardo de una parra bravía,
en el adorno de los rosales que trepan,
agarrado en la música,
cantando sueños tallados en la memoria.

Silencio,
contraluces de compañía hecho realidad,
podría resquebrajarse el fulgir del momento.
Era la calma de la libertad.

XXXVI

DONDE BROTABA

La vida abocetada en el parterre,
pámpanos y sarmientos voluptuosos.
El camino selecto, transitado,
llegaba al plantel de donde cuelgan las glicinias,
horas reposadas, algunas lloradas, las demás embriagadas;
mi alma deshabitada en esas horas del relajo,
sereno, viviendo la vida en la distancia de la memoria.

¿Qué me está diciendo?
Cosas sutiles que había pensado en la vista y el olor,
se esforzaba en que placiera.
En mí, mi alma y mi ser estaba,
respiraba.

Y era mucho.

XXXVII

ME FUI ENCONTRANDO
CON LA MAR

Estaba mirando a lo remoto,
olas satinadas pretendían llegar.
Dominado por el hechizo,
me fui dejando llevar,
allí por donde viven las odas y el hipérbaton,
la metáfora y la ironía
en la mar tenían cabida,
lo salitrado de su inmensidad se lo prestaba.

El sinfín era por allá,
la ventana amplia,
lo eterno y lo efímero unidos,
su inmensa paradoja reflexionada.
Apelaba al alba y al sueño,
al beso dispuesto en el labio.

Conversando con la mar,
surgían palabras que yo había mullido antes,
las olas las iban trayendo a mis recuerdos,
mis palabras no precisaban de mí,
sabían navegar solas.

En el embarque que lleva a lo venidero,
ajustado al éxodo del horizonte,
esclavizado por la mar, fue llevándome lejos.

¿Qué tienes, mar, que tanto embriaga?
¿Cómo te puedes apoyar sin pilastras?
No despiertes, ve sosteniéndome contigo en tus tiempos,
sobrevolarte o mojarme de ti,
vivir en tus cavernas de silencios.
Tus lunas y tus soledades enaltecen la palabra.
—dicha y escrita—.

Tu estampa mojada me hace regresar a mis adentros.

XXXVIII

VIDA

Verso de metro largo en demasía,
música viva y olvidada,
recuerdos no encontrados en la distancia,
callados en el aullar del viento
o silenciados en la noche calma.

Fueron pasando demasiados tiempos,
amanecía sin sentido,
quizá se hacía de día,
nunca supe si aquello que estaba pasando
era mi vida
de un futuro y alguna simiente.

Habité en verdades y pesadillas.
Cosas que parecían soles
fueron transformándose en mares;
enrollado en aguas frías,
me dejaba de ir, me llevaban.

En mi imaginación sorda,
visité retratos y los infinitos,
la distancia silenció las músicas
y, solemnemente, también los olvidos.
Nunca supe qué había hecho en este mundo.

Entremezclado entre fáciles y difíciles, vivía;
había estado en una vida.

XXXIX

EMPATÍA

La empatía era un regalo,
venía envuelta de festivo,
en pericardio vestido de gala.
Germinaba,
la arroyada era amplia,
arrastrando cosas y voces mudas,
en sus caminos diversos de ida y vuelta,
los sedimentos eran vidas.

El compartimentado músculo crecido
alumbraba a la fábrica,
la solidaridad como producto acabado,
la humanidad lo necesita y mucho,
se llama amor lo que allí se manufactura.

El universo estaba atento, esperando,
el pensamiento bueno
y positivo el progreso.
Quienes más lo necesitan,
con los demás empático.

Las navajas afiladas siempre cortan mucho.

XL

CORRESPONDER

Quiero pisar la playa de china y arena,
quiero oír dónde estoy,
quiero sentir el olor que tapiza y restos de coral,
quiero saber lo que miro,
quiero gustar la caricia.

Donde quiera que vaya,
algo nos circunda y nos señala.
Que los cimientos sean fáciles,
fuertes para aguantar lo que sustentan
y que sea diáfana la indescifrable paciencia.

Lo que fueron apuntando los profetas,
lo que fueron abrigando las murallas,
lo que fueron contando las primaveras,
lo que fueron aprendiendo las sienes blancas,
que sea un presente y un idílico mañana.

Mi vejez despierta,
me anima a amanecer al día siguiente
y cuando el relámpago cruja en la tormenta,
en mi patio estaré mirando al cielo;
receptivo, trataré de escuchar lo implorado,

alguien estará ilusionado en su ansío,
procuraré que sea mi invitado.

Cuando irradie el sol,
cuando fulgure la luna,
cuando vea el paradigma de las flores,
cuando el designio se esté acercando,
desde el alféizar de mi ventana
estaré esperando.
Quiero decir gracias.

Corresponderé aliado con lo que brilla e imanta,
hoy, a ese alguien y los mañanas que vienen,
a los que precisan un acaso,
quiero que tengan ese sueño anhelado,
un abrazo que escasea, un merecido arrumaco.

Soy ese romántico crecido entre flor y trino,
en la creencia que asemeja lo brotado,
cuando el espino muta en digital deladera,
y en sus campanas puedan libar las abejas.
Coexisto en lo que crepita
y vibra con el deseo de alguien.

El sembrador espera pausadamente
el tiempo que le queda.
El reino estaba callado y mis ojos veían
el querer manso que narra la mirada ajena,
quedado, en el sueño del párpado que necesita.

Me intriga, me importa,
lo sumergido despierta y nada,
arrebatar los fantasmas,
la claridad de verdades clamadas.

Que el sitio de respirar no resulte inhóspito.

XLI

LA LUZ DE LA OSCURIDAD

> *Hay en la intimidad un límite sagrado*
> *que trasponer no puede aun la pasión más loca.*
> *Siquiera si el amor el corazón desgarra*
> *y en medio del silencio se funden nuestras bocas.*
> Ana Ajmátova

Cómplice de la oscuridad,
evolucionados los sentidos
y adaptado al medio.
Recíproco.

Hubo un perigeo insospechado,
fortuito fue el paseo andado,
y en la certidumbre de estar viendo aquello,
hubo otra luna más brillante y más cerca.

Atraído en la marea de su gravedad,
reticente en el arrojo,
le dije hola, le hablé a esa luna que había y era
de la magia regalada por ella.

Entre la luna y la tierra,
se entremezcló un altoestrato;
cruzamos las miradas,
entrelazamos las manos.

Dejamos de ver la luna,
entornados los párpados,
soñamos en los silencios,
buscábamos una estrella que fuese nuestra.

Entre todas estaba Escorpio,
tratábamos de descifrarlo,
apareció el amuleto buscado,
desde entonces es Antares.

En nuestras penumbras secretas,
por donde habitan las oscuridades,
hacemos el amor y en las noches claras,
desnudos sobre la hierba,
recordamos momentos,
buscamos milenios de firmamento,
conversamos con Antares.

En cueros, juntos los dos,
nos abrazamos dentro del húmedo sexo.
Nuestro secreto se llama luna y estrella.
¡Para qué más universo!

XLII

Tengo la duda

Siempre me quedaré en el crepúsculo,
después de haber vivido,
nunca estaré satisfecho;
si lo realizado
habrá sido el trabajo rematado
o algo inconcluso.
Lo no consumado
es la asfixia que me ahoga en vida,
lo que a ellos defraudo.

Una decepción hundida
en la ilusión que duele dentro,
descubrí cosas fugadas,
algunas ya perdidas.
Estaba preparado para lo fuerte
y me atinó un desencanto:
la tortura de no ver germinar lo plantado.
Menesteroso de alargar la vida
y terminar lo no terminado.

Había arraigado en mí la duda de si…
¿Lo legado está…?
Siempre, en el mientras tanto,
la figura del titubeo.

XLIII

VEJEZ

Medita en cómo ahora se ríe de él la Sabiduría;
y como fio siempre —¡qué locura!—
de esa embustera que le decía:
«Mañana. Tienes mucho tiempo».
«El viejo» (1897)
Konstantino Kavafis

Ese presente se me estaba haciendo largo.
De niño, lloraba por fuera;
ahora, lloro por dentro,
viviendo en la agresión permanente,
ingratamente vívido y sin saber
o arrumbado en algún centro.

Una vez, hace poco, desbordé una lágrima;
no llegó lejos, humectó algo,
la sequé con un pañuelo que yo tenía;
no pasó nada, el motivo continuó,
el dolor era en mis vísceras.
Afligía la indiferencia.

Ausentado el sonido, vivía silenciado,
superé la palabra que ofendía,
la afrenta que lacera,
envuelto en papel de agasajo y con lazo,
una melancolía.
Enrostrándome el impedimento,
ser burlado por haber nacido hace tiempo.

El flagelo de tener que haber vivido desde antaño.

XLIV

BOHEMIO

Un desaliño incluso modesto,
andar sin rumbo, desapasionado,
como si Didio Juliano se preguntara su
«¿qué he hecho mal?
Pero ¿a quién he matado?».

Acercándose a ningún sitio,
—una sombra de ciudad en retirada—,
algunos lo miraban o lo evitaban.
De unos de sus bolsillos menos roto y con fondo
sacó unas cuartillas y un lapicillo;
parado, se estaba fijando y plasmó algo.

Me acerqué y vi su trabajo.
Pareciera algo en demótico;
no, era un bosquejo de un niño harapiento
que, estando limosneando, había allí parado.
Era pintor, conversé con él,
le invité a liar un cigarro;
después, en un rato largo nos separamos.

Ese día me enriqueció por mucho tiempo
y al niño le compré algo.

XLV

GORRIÓN

Eres tú, el mismo pájaro de siempre,
quisiera me escucharas un rato,
siempre que te veo eres mucho más grato,
algo está pasando para ir no estando.

Almorzabas en mi mesa,
comías en mi mano,
descansabas en mi hombro,
dormitabas a mi lado.

Quedáis pocos.
Si yo no soy capaz de respirar,
¿cómo lo vais a hacer vosotros?
Os estáis yendo de este mundo opaco.

Os echamos de menos, en falta,
vuestra ayuda es conservación,
nuestro entorno deprimido,
no desaparezcas, os necesitamos.

Escribe páginas en el sitio donde vivo,
escribe páginas de nuestras ciudades y campos,
cómete todo el trigo que quieras,

el que puedas, de lo que va quedando.
Si consigues sobrevivir,
será que nosotros también iremos pudiendo.

Sumergido en nuestras épocas,
comprendido en nuestras vidas,
quiero saber qué sientes en tu alejamiento,
qué piensas para dejarnos.

Gorrión, una evocación tuya es un engaño,
tu estar vívido es nuestra garantía necesitada.
Míranos, sigue comiendo de mi mano
y tus siestas tranquilas en mi hombro.

Tu trama, tu humilde sonoro relato,
es armonía para nosotros.
Sin ti, es señal del acabamiento de donde estamos.

XLVI

USURPADA

Cansado de ir arrastrando sombras inanes
vi las primeras en las umbrías de los montes
y en la melena volada de una mujer
signos de oro bendito por no se sabe quién

De trenzas construí escaleras altas
escalé algunos peldaños de sus pensamientos
había campanas repicando onomatopéyicos tolones
llamando a la cordura que vino de un hombre extraño

No me había visto
yo atentamente la oía
en su ático de velamen desmadejado
vi esbelteces de colinas y valles con gamuzas de guiñapos

Desvelos y nubarrones por esos montes vistos
comencé a ir entendiendo las sombras
y sus impurezas corroídas
Arropada en soledades hueras
vivió el momento de usurparle sus hijos y pareja

Penumbra toda ella
anochecida toda entera

insomne de tumultos silenciosos íntimos
Arrastrada, las sombras eclipsaban
permanentes letargos entumecidos

Había perdido todo
las sombras y penumbras no le pertenecían
eran de esos sicarios
los que le quitaron todo la habían olvidado

Demasiado cuerda para habérsele arrancado tanto
Cerbatanas dagas arcos balas ballestas
el ajuar de lutos descoloridos
de lágrimas secas

Perdida entre oscuridades
viviendo en lo lóbrego del miedo
el signo no venía ni de soslayo
alzaba los brazos esperando poder recoger algo

La penumbra estaba ida
motivados pretextos de sobra tenía
Sombras errantes deambulaban
ávidas tinieblas

Se le nubló la vista

XLVII

OCHENTA AÑOS VIVIDOS

Atadura emocional crecida en ella
ladrona de energía y libertad
la presión que hostiga
supo cómo estaba hecho el nudo
vida en precariedad desatada
desamarrado el campo se abrió
lo vivió
las madejas fueron cabos sueltos
las lazadas solo las hacía ella
fáciles
para que se soltasen por inercia
o cualquier vientecillo perdido
adiós nudo
adiós cadena

Ochenta años de amor
ochenta años de pasión
ochenta años de sensualismo
ochenta años de mujer

No se aburrió
no le dio tiempo
amanecía
a diario el volcán erupcionado

Ofrecía dando
una *libidinosidad* complacida
ungüentos
un nuevo pentagrama consuetudinario

Complejidad en lo acontecido
accesiblemente interno
asumió
pupilas en el cuerpo límpido

En la ola y en la oda al amor
el de los momentos plácidos
sapiencia
un rumbo de luces y lumbres ardorosas

Seguía siendo la crisálida que siempre hubo sido
la penumbra de quinqué incandescente
yacida
flameaba no le hacía daño

Vino el amante y se amaron
siempre nuevo y gustosísima
novísimo
el éxtasis en el ardor del desacato

Jazmineaban caricias besos abrazos
y el mundo lo veía
sentía
no es preciso decir algo que no fuese nada

Florecía el instante del momento
Satisfizo

XLVIII

BÚSQUEDAS

Intenté buscar, me gustaba hacerlo,
mi subconsciente me influía en ello.
Un día hube pensado, me indujo,
una pesquisa ayudaría, evitaría,
algo imprevisto, no siempre lo mejor.
Me preparaba para pedir perdón.

Por los sitios por donde pasé
estuve buscando.
Me habría gustado que el rencor
hubiese sido inexistente.
Yo me perdoné,
siempre dudé si aquello
no fue un exceso de egoísmo.

Pude olvidar lo perdonado.

XLIX

ERA DURA LA VIDA

Intentaba ser cuidadoso,
el soslayo iba dilatando cosas
de vidas y de idealismos.
Era donde vivíamos entre verdades y mentiras.
De reojo, trataba de ir arreglando lo roto que veía.
No siempre aparecían los aciertos.
Intenciones de personas que estaban
trataban lo contradictorio.
La errata era propiciada por otros.

Cotidianidades que no se premiaban,
unos acaboses faltos de todo,
no lo merecían aquellos que vivían.
La duda surgía,
Si esto es el final, ¿qué fue lo de en medio?
Un haber sobrevivido, fingido
en la frecuencia arrastrada.

Había demasiado logo
y muy poco legado.

L

ENGAÑO

A veces me parece que mi sangre sale de mí a borbotones,
lo mismo que una fuente de rítmicos sollozos.
Claramente la oigo fluir con un largo murmullo,
pero me palpo en vano para encontrar la herida.
«La fuente de sangre», *La fleurs du mal*
Charles Baudelaire

Atraído por el color, me fui dejado de ir.
Era el carmesí el que me decía cosas.
A gritos, me insinuaba el calor del amor,
la energía de la afección.
Después de haber escudriñado la paleta,
me inquirió indicando la huella;
alguien la hubo dejado pasando por allí.
Sin camino, no existiría destino.

Atiné al refugiarme en mí.
La cochinilla me traía el pigmento carmín;
el *aférrico* alumbre hizo el resto.
El color grana, carmesíes y apenas a un paso,
apasionado rojo cadmio camino del bermellón,
el de la sangre y la eternidad,
amenizado de naranja, el hindú escarlata.

Sinestésico de emociones intensas,
me hice un ajuar de amapolas.

El formato era un romance sin fin,
un tiempo ofrecido jamás gastado,
un regalo para la sonrisa,
un suspiro a compás respirado.
Tu música sonaba dentro de ti,
tu beso anudó mi alma
en unos labios imantados que se atan.

Yo estaba enamorado,
de mis sentimientos subordinado.
Así, era feliz y lo fui siendo en el tiempo,
viví en el engaño sin querer verlo,
nunca me quitaba las gafas que distorsionan;
si vivimos en el espejismo de la falsedad
y la mentira suscrita,
desvanecido en el aire,
disfrutaba viendo salir el sol por el oeste.

Déjame, son cosillas mías.

LI

AQUELLOS ESCRITOS

Entre los cajones sin ordenar
apareció una carta apócrifa,
escrita hace mucho tiempo.
Entre grafías, tachaduras y borrones,
era un prólogo inacabado a una vida,
inducía a seguir escribiendo.
Sin demasiados desatinos, fui llenando
hojas escritas con otra vida distinta.
Fue su humildad lo que me indujo,
su categoría narrativa lo que me exhortó,
un camino bifurcado,
un destino nuevo y distinto.

Quise aprovechar los bocetos y escorzos,
los trazos gruesos previamente derramados.
Quisiera no haber prostituido nada
de aquello que me precedió;
era demasiado bueno para haberlo estropeado;
fue mi estilográfica quien me arrastró.
Mi mano sin control iba dejando trazas de tinta,
aquello inconcluso merecía ver la luz.
Traté de establecer los márgenes y párrafos,
la enjundia estaba en aquel cajón perdido.

En unas hojas verjuradas encontró su sitio,
hoy está en anaqueles de nogales y ébano.

El sesgo de lo encontrado
era digno de poder ser editado.
Seguía estando sin rúbrica,
era un anónimo desempolvado
con vocación de seguir perdiéndose en el tiempo.
¿Querría ser eterno?

LII

AVARIENTO

Las hojas de los almanaques van cayendo;
siguen en octubre, de otro color,
pero caen.
Son situaciones para despertar
y no abrir los ojos.

Dinamismos aglutinantes,
egos de sí,
adinamia asida,
el sabor de la billetera
y la cuenta gorda.

Los gatos eligen a sus dueños
y hay dueños que se aferran a sus dineros.
Sorprendido, vio pasar algo;
no sabía lo que era, lo agarró al instante.

Felinidad rapaz del personaje,
paranoia ahorradora, pasar lo que pasare,
para guardarlo, aunque fuese de alguien;
el brazo elástico como ganzúa prensora.

Molierana alcancía de Harpagón,
personaje viviendo en la avaricia,
el retrato del retratado,
un figurante en la vida hambriento de todo.

Enigmática rapiña sosegada,
amorfas montañas de cuartos.
Un desaliño como ahorro,
trasfondo del mísero amargado.

Llegó esa hora de ese día de aquel año,
le acompañaron aquellos que esperaban pillar algo.
Inherente y consecuente, no lo incineraron,
el dispendio de gastar gas o leña,
un gasto infructuoso, mejor enterrado en tierra
y, si es más barato, con escombros.

El avariento murió solo, no lo lloraron.
Vítores y aplausos —por irse al otro barrio—,
los gusanos no lo mordieron,
los cipreses sus raíces apartaron.

Lo eludieron después de muerto,
la villanía quedó deshabitada.
El tormento de perder todo.
Se murió de eso.

LIII

VOLAR

Supe descubrir ser feliz,
encontré la volatilidad de los aires.
Al pairo, compensadores, timones,
picados, pérdidas, alabeos,
ocho cubano, invertido, tonel por tiempo,
ges, donde nadie se inmiscuye.
Sentado en el éxtasis,
rugía la música del viento.

Encontré en el cielo
lo que no percibía en el suelo.
Despegué, volé,
ansié y, alzado,
escribía pensamientos.
Me vi encontrado en el paraíso
de un tiempo imaginado,
flotando en el éter de los ambientes.

Por donde moran las musas del Parnaso,
la serendipia me agarró de la mano.

LIV

REFLEXIÓN I

> *Son tus ojos los que busco,*
> *son tus labios los que quiero ver sonreír.*
> Violeta Parra

Tu piel es la sonrisa aparecida,
apetecida y regalada,
la del olvido global.
Te veía sonreír a cambio de todo y de nada.

Una manera especial de querer decir,
en el recato y con pudor sonreía,
la franqueza de lo extraordinario,
me llenó, quise agradar.

Posé mi mirada con descaro,
se cruzó en el camino de la tuya;
penetrante, me sonrió el susurro de un cántico mudo.
Nos miramos un tiempo largo.

No dijimos nada;
de la sonrisa, afloró un rictus de amor,
sentí un beso de dulzor,
respiré y afloró el sentimiento.

Reconfortado, fue mi cuerpo quien sonrió;
la generosidad se había exhibido;
el árbol, agradecido, arrodilló su talle;
era el día querido, el de la reciprocidad expresada.

En la felicidad agradecida del momento,
lo difícil se hizo sueño;
en el arrojo cercano del halago,
complací al atrayente, estaba solo.

Me olvidé de todo,
legué mi agrado a quien más lo necesitaba;
sin miedo, me hubo regalado el suyo,
era mucho para recompensar.

El niño creo que sintió haber sido correspondido.

Me transmitió un mundo entero.
«Adópteme», me dijo en sus ojos cautos;
tuve que pedirle perdón a mi vida.
No olvido ese día ni al crío.

Desolado, aprendí la necesidad de facilitar,
aceptación emocional de la criatura,
el mejor clima sensitivo, anímico y compartirlo.
Su mirada cotizó al alza.

LV

El libro

> *El regalo de un libro, además de obsequio,*
> *es un delicado elogio.*
> Anónimo (que yo sepa)

Olía a tierra mojada y, mientras,
las hojas lloraban vida.
La cadencia de la imagen húmeda,
el personal mundo crecido de ritmo.
¡Humedad que enciende sentires internos!

Irredento, compartido, ofrecido,
preferente, intentando acariciar el cielo,
predispuesto a repartir,
el libro abierto quiso ser partícipe,
gustaba ser humedecido en el entorno,
ser parte de ello y…

llorar con el lector cuando lo estuviese leyendo,
integrarse en el entorno mojado, conmocionado,
fluyendo lágrimas escritas con palillero
asido por la mano amiga que un día lo hubo anotado.

El trasunto vívido lo abrazó un poeta,
dejando reposar la palabra en el verso.
Llora, libro, y transmítenos tus entresijos,
tus registros soberbios.
Humedécenos por dentro,
que aflore todo lo por ti ofrecido,
intimidad sentida en el sentimiento interno.

Encontré el sosiego con un libro en las manos
y, estremecido con lo que allí decía,
lagrimeé por fuera y por dentro.
En el entorno no estaba solo,
el ejemplar descubierto,
bullía el libro arrullado.

Los anaqueles estaban repletos,
esperaban con paciencia a alguien,
los leerían en cualquier momento.

LVI

SUGERENCIA

He estado leyendo y, al finalizar el renglón,
llegó mi sorpresa:
había una palabra escrita, dudé,
me forzó centrarme en lo que allí se advertía,
estaba anotado, ponía «sugerencia».

Sin proponerme algo concreto,
comencé a hacerme preguntas,
simples y complejas;
todas me estaban arrastrando
a aquella cosa llamada sugerencia.

Trataba de insinuar,
qué belleza poder resolverlo.
Sugerencia…

Me quedé pensando.
¿Acertaría?

LVII

REBELDE

Me faltó disciplina con el magnetismo
El imán del hierro no era mío
Atraído dentro de mí
amé en la extrañeza
La periferia no lo lograba
no estuve siendo atraído

Viviendo en obligado exilio
todo en mi derredor era confuso
inconfundiblemente confundido
en el rumbo equivocado
hallaba solo distancias
mi amistad fueron aves migrantes

La plegaria ahuyentada
el susurro pirómano
reoía precediendo lo antedicho
la ironía eclipsada por un hilo
restaba importancia
me hubiese gustado ver cómo me verían

Era raro introvertido algo huraño
y pobre escapado de mí
huyendo en estampida
pasaba el tiempo de las muchas horas
leyendo libros en Barnes & Noble
taciturno leía

LVIII

DESORDEN

Introduje el orden sin haber salido
no pude caminar el sendero inexistente
fueron tropiezos ocurrentes del momento
el azar estuvo cambiado por donde debería haber ido
fue pasando el camino y el tiempo
no se presentó el guardagujas
era un cuento irredento
una homilía mal dicha
estuve bebiendo vino
mis fronteras étnicas
entre despropósitos
se ausentó la linde
las fui poniendo
libaba y vivía
No sé cómo
pero era

LIX

MIGRACIÓN

Era emigrante y nos dejó
una carta llena de súplica.
El mestizaje como génesis de todos,
acabados como nuevos en este cuerpo
sin origen, surgido de mutación.

Es el apátrida el de más esencia,
con él mismo y con sus ideas.
Las fronteras son rayas pintadas,
el desarraigo como ley abierta,
mendigar un papel, un *laissez passer*.

Inmerecido infortunio,
una jungla forastera,
donde estés, súbdito de quien esté,
soledad aprehendida como amiga,
la ilusión inventada en el mito.

Repudio en la deuda contraída,
el inmigrante forzado a venir,
obligado a tener que huir.
Una imploración, una caricia de amor,
todos somos alguien metido en un cuerpo híbrido.

El horizonte como patria. Que entren,
ellos sí están metidos en el cuerpo suyo.

LX

EL SUEÑO MÍO DE CADA DÍA

No hay distancias cuando se tiene un motivo.
Jane Austen

Volved a casa, espero.
Puedo ver los montes y la mar,
y unos patos que viven en el arroyo
junto con tórtolas y palomos.
Yo quiero veros,
por eso voy y os echo maíz y pan;
a Ariel la llevo y viene conmigo;
ellos también nos miran y nos ven.

Tengo recuerdos, olores, deseos,
y sé vuestros nombres, los recito,
miro, quiero que arrecie el viento,
puede traeros de todo lo lejos,
venid a la casa.
Mientras tanto,
estoy leyendo un libro,
es un libro que habla de recuerdos.

He sentido vuestras manos,
he volado al cielo,
he vuelto a veros
y, cerca, he podido volver a oler
piel vuestra llena de valores,
no encuentro la forma,
ni método,
pienso, os veo, estoy con vosotros.

Mañana iré otra vez al arroyo,
veré a los patos, a las tórtolas y a los palomos,
volveré a sentir el olor vuestro
y cuando me acerque,
os estaré viendo,
os abrazaré, os daré muchos besos;
por la noche, antes de dormirme,
seguiremos estando juntos.

Las distancias son demasiado cortas para nosotros.
Por aquello del por si acaso,
siempre tengo las ventanas abiertas.
Pudiera ser que un poemario os traiga;
entretanto, seguiré yendo al arroyo,
junto a la Galga,
veré los patos, las tórtolas y los palomos
y os veré a vosotros.

¡Qué cerca!

LXI

EL FUTURO YA ESTÁ DE CAMINO

El futuro ya está de camino.
Lo alcanzado ya es pasado.
Lo escrito ya está puesto y leído.
Quisiera alcanzar a leer ahora
lo que se está escribiendo hogaño
o ir recuperando aquello que alguien,
sin padrinos y sin ayudas,
dejó puesto en un tiempo.
La riqueza de lo ignorado,
la fertilidad de lo venidero,
ambas están llegando.

La pobreza de leer siempre lo mismo,
de los mismos,
atrasan los relojes;
sirve la maquinaria y no la hora.
Se le marginó por no ser vanguardia,
todas las avanzadillas fenecieron en el parto.
Lo neonato es pasado reciente
y la verdad, mentira.
¿Quién ajusta y vigila el fiel?
Dogmatizó y anatemizó.
¡Qué horror!

LXII

ME GUSTA LEER POEMAS
DE ARTE MENOR

¿Te acuerdas de cuando pediste un deseo?
Yo pido muchos deseos.
Cuando te mentí sobre lo de la mariposa.
Siempre me pregunté qué pediste.
¿Qué crees que pedí yo?
No sé. Que volvería, que al final,
de alguna manera, estaríamos juntos.
Pedí lo que siempre pido. Pedí otro poema.
«El deseo», Louise Glück

Me gusta leer poemas de arte menor
y que me signifiquen como buenos;
dejan márgenes amplios.
Adyacente al verso,
escribo notas y pensamientos.
Los entiendo, aclaro y complemento,
el almizcate preciso,
sin mejorarlos, para mí los arreglo.

Me gusta sacar conclusiones,
intentar ponerme en la cabeza del poeta.
El lateral manuscrito,
como signo de haberme dicho cosas,
como signo de haber pensado cosas,
como signo de haber anotado cosas.
Buen signo, laureles.
Sin voluntad ni pretenderlo,
parecería como otro poema en paralelo.

Lo que es relevante
suele andar despacio;
casi como un poema en dos tiempos,
con dos manos distintas, bicéfalo.
Prendido en abismos,
¿quién lo habita?
Envenena el venero que fluye,
incluso se contradicen.
Es el crisol que se funde.

En su día fueron algunas pisadas.
Hoy ya son huellas.
Mañana, extraños fósiles.
La notación, en su día,
algo me dijo.

LXIII

MAR DE FONDO

Mar de fondo,
temporal,
invisibles buitres negros surcan el cielo,
van arrasando cosas y todo lo que queda.
La batalla a muerte no tiene marcha atrás.

El paisaje, ante mis iris, son cancelas,
cancelas llenas de cerrojos
donde nadie habita.
Muchos se unieron en la lucha,
ninguno volvieron.

Ellos se fueron muriendo,
según fueron pudiendo.
Se veía borroso,
desataron nudos de contención,
los perfumes eran malodorantes
y los brocados de esparto.

En el recuerdo, un camisón de satén,
una mano de terciopelo
y un beso carmesí.
Sueños.

LXIV

RECORDANDO

Supuse un espacio amplio y sin jaula,
los canalones venían llenos a rebosar,
dos candelabros rompían la oscuridad,
el viaje venía vestido de invierno duro.

El espacio ausentado, mórbido,
pensando una perversión idealizada,
una hipérbole, solera de un deseo no consumado.
Se fueron.

Ese día hacía tormenta,
al horizonte le habían salido canas;
a la mar, cimas, y al cielo, madrigueras.
Sentía el naufragio por dentro.

Aislado, agua encharcada, estrías de barro,
diluido en un pensamiento, corales presos;
rendido, abría los ojos en el mareo,
todo se mueve, eran círculos de misterios.

Espirales de granos de arena y estrellas,
tumultos abajo y arriba, buceos,
buscaba una salida, ojos con luces frescas,
la nota minúscula que era, recobraba recuerdos.

Los dejé solos, se quedaron lejos.
Sentado en el tajo, me quedé mirando al fondo,
sintiendo por dentro, rendido.
Fueron pensamientos no dichos,
estaba leyendo páginas humectadas de recuerdos,
pensares de la posteridad.

Los instantes corroían
en la emoción, me había cambiado todo,
yo y el tiempo que tenía,
se estaban yendo solos.

LXV

ME REBASÓ EL TIEMPO

La vida es hambre o festín. Tú eliges.
Facundo Cabral

Me habría gustado decirlo,
era su momento.
El arco viajaba lento por el chelo y sabía,
decía cosas sentidas en sus adentros.
Yo también lo sentí
y en aquel momento torpe callé.
El amor callado es dolor,
un tormento interno.

Pasó la oportunidad,
sólo me queda la dicha de haberlo sufrido,
la angustia de seguir viéndola,
el placer de que sea feliz,
voló demasiado lejos.
Yo no pude, fue otro,
me enorgullezco si la satisfizo.
La quise y la seguiré queriendo.

Mi flaqueza en la ocasión,
pude vivir solo lo no vivido;
la realidad me entorpecía,
la aldaba no se movía, seguía quieta,
el bronce quedó sin brillo.
Puse un sillón en el zaguán,
por ver si tú vinieras,
acabé con la caja del bálsamo.

En mis silencios, fluye el halago,
la caricia y el amor como señuelo.
¡La quiero tanto!
Qué torpe fui…
¿Qué me pasaría?
Si hubiera sido capaz…
Desconsuelo en la torpeza,
asomado en la culpa,
la flor ansiada que perdí.
Tuvo que ser a mí.
Me arrepiento.
La partitura desierta,
sin sones ni letra.
Alguna vez, en el tropiezo,
nuevamente el arco fluye lento en el chelo
y yo muriéndome por lo que perdí.

Qué duro es vivir en la derrota.

LXVI

Cementerio

> *Vivir significa matar a otros;*
> *crecer, asimilarse el cadáver de muchos.*
> *Somos un cementerio ambulante*
> *donde miradas de seres se entierran*
> *para darnos vida con su muerte.*
> «Pájinas libres» (1894), Manuel González Prada

Por el camino recto perdía la mirada, iba,
veía mármoles en abandono o cuidados,
procedían de otros tiempos, pretéritos.

Me atraía, nombres, fechas o grupos escultóricos,
ostentosos mausoleos, ¡silencios!,
flores marchitas *in memoriam* de alguien.

Algunos gatos, en el respeto, oraban,
y unos pájaros cantaban sus oremus;
alguna enlutada con flores y un cubo de agua.

Los atardeceres, como complemento,
resaltaban el abandono, inhuman restos,
las esperanzas de los residentes
—incluyendo los convecinos ignotos—.

Iba al primer patio a charlar con mi padre
y me acordaba de aquellos otros
que, balbuceando una mención,
un beso posado en el aire
o quizá incluso un rezo en cualquier lenguaje,
mimetizaron con nadas de todo,
manjar carroñero o lechos de abono.
Esos anónimos sin tumbas por ahí perdidos,
de los ni hallados, ni sabidos,
desatendidos y menospreciados;
charlaba con ellos y con mi padre.
Intentaba que no se sintieran solos.
Fracasaron en el seguir vivos,
todos perdieron su momento,
ilusiones, luces, medro, prosperidad.
No vivir es signo de muerto antiguo.
¿Qué es el tiempo si no estás vivo?

Me fumaba un cigarro con ellos.
Conversaba…
Tuvieron su tiempo,
mucho o poco,
siempre es pasado,
el intervalo excedido,
sobrias pavesas desorientadas.

LXVII

VIVIENDO EN LO PASADO

En la fuente, el caño manaba laureles,
el sol humedecía el alma,
la mata de la gloria sazonaba lo pensado.
Flor, agua, luz, aroma,
para una vida enamorada con caricias de plata.

Se acostaba la noche en sus silencios,
mientras el rebosadero arrastraba pétalos,
las adelfas dejaban rastros de colores.
Seguía el agua su camino, al arroyo, al río,
el final, la mar como destino.

Agua batida, perdiste tu latido,
creciste mucho, llegaste lejos,
perdiste el aroma de aquel manantial de arbusto,
pensaste en tu caminar llegar a donde los pájaros.
Tú no, te diluyes, son ellos los que vuelan alto.

Aprovecha el momento, es lo que te queda,
pasea por esas aguas de mareas en el arpegio,
vive sus pensamientos, aprende de ella,
y cuando atardezca, recuerda cuando naciste,
aquella fuente de los laureles maduros.

—Recuerdo haber nacido
y no tengo huellas del camino—.

Me siento sola, atrapada en mares que no conozco,
batida en descontrol,
surcada y rota en el desamor.
Cuando el sol se quita de mi vista, vivo vacía
en los silencios oscuros de la noche, vivo sola.

Quiero volver a aquella fuente
donde manaban homenajes.
Mis venas rotas van sangrando silencios,
trémulo el pálpito,
no quiero el graznido,
¡quiero volver al canto de los pájaros!
Callada, solo el viento me habla y no lo entiendo.

Tiempo, permíteme regar el árbol,
ser aguadero,
volver a los sueños que yo tenía,
que me beban y jueguen conmigo los niños,
fragancia de reflexiones que yo gozaba.

¡Cómo me acuerdo de aquello!

LXVIII

TE IRÁ BIEN EN LA VIDA

Buscad el consejo de los ancianos,
pues sus ojos han visto el rostro de los años,
y sus oídos, escuchado las voces de la vida.
No obstante, sus consejos os desagraden, escuchadlos.
«La voz del maestro», Gibrán Jalil Gibrán

Si escuchas al que sabe,
pero en especial a quien te quiere,
procura que te llegue el resplandor de la luna
y el de los amaneceres.
Descubre quién eres y pregúntate.
No pases desapercibido, enciende tus luces.

Veo pétalos de flores tiradas por el piso.
Intenta saltar, no te quedes,
alguien que te está mirando te necesita;
no le falles; no te sientas pequeño, eres grande.

Regálale tu conocimiento a otro, puede que lo precise,
pregúntale qué quiere, dile el cómo
y tapónate los oídos en los egos de terceros,
los ávidos de sí no suelen dar buenos consejos.

Procura verte la cara en los espejos y reconócete.
Si ves la mar embravecida, aquiétate, sé tú,
hay veces que los relámpagos no están en las tormentas,
y si no te encuentras por ningún sitio,
piensa en el *If* de Rudyard Kipling, ello te ayudará,
conmigo lo hizo siempre;
ahora me estoy acordando de su poema, que no de él.

Y, por lo tanto, serás hombre, hijo mío...

LXIX

HORIZONTE

Nacieron juntos y seguían viviendo en el mismo sitio,
grandes, inmensos, más allá de lo abarcado,
como ese amor jamás olvidado que lacera,
amplio en el beso sentido hasta que me muera.

Potestas y *auctoritas* se complementan,
amplio, superlativo, ilimitado,
elementos confundidos, imprevisibles,
entremezcladas calmas y tormentas.

—Ella era perfecta para amar,
mitad de la otra mitad,
interminable, liberada, desabotonada,
en el tiempo huidizo de lo lejano,
poco a poco te ibas alejando—.

El horizonte ocluido se dejaba entrever,
un ojo de cerradura permitía
una línea difusa delimitada, se entreveía,
eran ambos los que estaban desde siempre
y allí seguían repelidos, sin estridencias,
divergentes y confundidos,
precipitación y condensación,

reverso y anverso,
armonioso y discordante,
mar y cielo,
donde empieza lo hondo y lo alto,
imprescindible, sin precipicios.
El camino hacia el centro,
sol y núcleo,
omnímoda grandiosidad.

LXX

EN EL MOMENTO PRECISO

Una sombra, en estío, es un buen sitio
o un sol de invierno al abrigo,
una pluma, papel y alguien que quiera querer;
es todo para que algo aflore en el poeta
y ponerse a escribir. ¿Qué surgirá?

Un silencio tranquilo,
un verso salido,
una estrofa que llega.
Retazos y a trompicones,
a veces, fluido o con tardanza, se da.

Intentar alcanzar un estado adrenérgico,
equilibrarlo en el estímulo.
Desde ahí, continuar,
continuando se llega a donde terminan.
Los caminos acaban, almas que prestan.

Una cerbatana y el dardo
descansando en la pausa,
la vivida y la venidera,
una palabra a medias
y otra mutilada, unidas entre ellas.

Evacuado de sí, aflorando,
en el instante preciso,
vestigios de reticencias, puntadas,
una mirada huidiza y parada en el marco,
germinó y verdeó el poema.

Tipos con tinta, en la cadencia que machaca,
una pulcra hoja, atrevida, impresa,
ofrecida para ser leída.
El final idílico, un posible lector,
el libro abierto y cualquier verso suelto,
en su escondite preferido,
que le pueda hacer parar por haberle descubierto,
leyendo y descifrando,
se va vaciando.
Deshabitado para vivir otra vida,
cómplice con el leyente.

¿Qué habría pretendido decir quien lo hizo?

LXXI

NAVEGANDO EN EL DILEMA

Navegando en la indecisión,
la duda vino a presentarse;
asentada, pudo centrarse,
desconocí el procedimiento.

En su huida, estuvo preparándose,
el peligro acechaba,
se arriesgó y llegó,
la crisálida vino a ser luciérnaga.

Surgida con vocación de señalarse,
ocupó su lugar en el espacio,
de par en par abierta,
afianzada en la realidad del presente.

En las transiciones, muchas cosas ignoramos,
la ninfa mutó en palabra,
dejó huellas inesperadas,
reveló, sus osadías eran válidas.

Volaron vocablos hechos, mariposas de cristal,
algunas migrantes, lejos,
fueron volando y llegaron.

LXXII

POR ENTRE LOS VELOS DEL ALMA

In memoriam, *a Eugenio Florit*

Entre los velos del alma y la edad del cielo,
estuvo viviendo un deseo delirado por salir.
Ven y dame la mano, que quiero dar un paseo,
que te enraíces y trepes alto.
Tu epigeo arrastrado te sustenta alzado,
minimiza la pérgola de glicinias, lúcete,
llénate de ti y saca tus cañas con tuétano,
haznos ese regalo, soléate en tu jergón ocre
de ese tiempo regalado de ritmo aflorado.

Esa flor que un día fuiste, tras la poda de invierno,
sacó tu cosecha al puesto de libros;
alguien se hizo con un ejemplar, lo leyó
y después lo comentó en su círculo.
Los diapasones marcaron tiempos.
Mucho después, casi medio siglo, cayó en mis manos.
Era cierto aquello que contaban de las glicinias achicadas,
aquella tala te hizo dar esos frutos de caramelo,
versos en besos con la mesura versada de tus labios.

Quiero confesarte un secreto:
aferrado a algunos de tus esquejes,
durante un tiempo, traté de germinar frutos tuyos.
Me hubieron contado lo de tus veladuras,
de tus ganas por salir de dentro
y yo, sin pretenderlo, una mañana fría y con sol,
tropecé contigo en los deambulares míos,
por los montones de nieve que visean
las aceras de Nueva York.
Jamás pude conseguirlo,
pero ese néctar me endulzó.

Tú eres tu propio ingenio,
la cañadú tuya nunca tuvo ragua.

LXXIII

ASÍ LO HACÍA

El hálito del susurro salió volando de mi mano,
intentaba ser lastre y quedó en aire.
En la prensa de la vida
escapó al campo abierto del sentimiento;
quería, corría, reía y, a veces, también lloraba.
Andaba en el precipicio del hilo colgando,
invisible, casi nadie lo miraba y, menos, lo veían.
Pitiminíes hechos de roca
solían acudir a la cita para hacerse estrofa;
a veces uno o muchas otras
se crecían en la corrección del reproche.
Tiempo después, ellos ya eran poema.

Quien susurró hálitos de palabras sigilosas
era un hombre que se dedicaba a hacer poesías.
Le decían poeta, vivía de otra forma.

LXXIV

La noche en su mundo

A Alejandra Pizarnik, en mis recuerdos

Sus expectativas era el reino de Hades.
Hizo un poema escrito de esteros y ombúes,
y se fue con ellos a imprimirlo para siempre.
Sin soltar el lápiz, besó el papel.
El pájaro que estuvo encerrado en la jaula
salió volando y despertó;
la oratoria te ha castigado en demasía.

Olvidó haber sido niña.
Inmersa en el onirismo
y su sensual extranjería íntima,
hubo desanudado su garganta
lúcida en su realidad vivida.

Se alzó y, aleteando, huyó, muy alto.
No volvió la cara… siguió,
chisporrotearon las estrellas,
aquietó el silencio,
paró el tiempo.

Preocupada en sus poemas,
quería ser leal con ellos;
no los abandonó nunca,
los echó a volar a los aires del intervalo.
Su luto de colores brilla en el elíseo.

Sé, de una manera visionaria, que moriré de poesía.
Es una sensación que no comprendo perfectamente;
es algo vago, lejano, pero lo sé y lo aseguro.

Alejandra Pizarnik

LXXV

ME ESCRIBISTE UN BESO

Tus obras completas, tu antología,
encuadernada, llenaba mi estantería
cosidos los pliegos y cuadernillos,
con los tomos de papiros hechos
con besos de labios tuyos,
tarlatana de seda con tu apresto
y lomos, ceja y esquinas
curtida de piel en el tiempo.

Un foco ilumina la habitación de lectura.
Súbitamente, llegó un fulgor intenso y claro.
Eras tú, que venías a donde yo
leía un ejemplar de tu antología,
escrito en papel de seda tuya.
En el límite de su comisura,
por donde yo lo agarraba,
pensaba que era una flexura de piel tuya.
Te acariciaba, te acaricié.
Cuando llegaste, entorné el libro
y, con sigilo,
le di un beso a la página por donde iba.
No necesitaba marcarla, no la olvidaría,
era una página inspirada en ti.

Mi ex-libris era un cuño con el carmín de tus labios,
un íntimo *copyright* carmesí
y un «te quiero» en relieve con un sello seco.
Que tú me regalaste todo eso para que a mi anaquel
no le faltara de nada y guardara allí tus secretos,
confidente de tus venerados estigmas.
Ya habías escrito tú pasado y dejé espacio
en las ménsulas de caoba y ámbar negro,
por aquello de si tú algún día escribieres algo.

Puse una nota marginal,
algo salido de dentro;
lo necesité y me apetecía.
Tenía que decirte algo
y sólo me salió escribir «¡te quiero!».
Era suficientemente extenso,
el mayor grado posible: lo máximo.

LXXVI

RÉQUIEM A MI RELATO PÓSTUMO

Un día me morí.
No era algo previsto ni deseado,
pero pasó.
Alguien se ocupó de todo,
me llevaron y estaba allí,
era el día de mi sepelio.
Por educación, salí a la puerta,
tenía que atenderlos, recibir a todos,
a los que venían al duelo, ¿a rememorarme a mí?

¿Que por qué pasó?
Pasó, sin más; casi lo suponía, pero no tan pronto.
El alma se rompió y se paró el hálito.
Esto es así.
Estaba cansado y seguí luchando.
Ya no dependía de mí:
a la ciencia se le acabó la intuición
y a mí me traicionó el derecho a seguir.

Olvidé el resuello y la lucidez,
y le lloré el momento al mundo,
y a los próximos,
y a los amigos

y a los muy míos.
Ya no podía caminar y me quedé allí,
esperando,
eran los protocolos:
aislado, tapado y detrás de un biombo.

Desde cierta distancia,
uno a uno los fui mirando
y viéndolos y analizando.
No juzgué, sólo pensé.
Unos queridos, otros no tanto,
algunos desestimados.
Agradecido a todos,
me fui retirando.
Llegó la hora de la incineración.

No puedo continuar,
ya es demasiado tarde.
No puedo seguir contando,
las cenizas no son para conversar.
Espero que alguna pavesa o escoria
pueda estar por ahí levitando o incluso vagando.
No tengo demasiada experiencia en esto,
es la primera vez que me he muerto.

Espero no repetir y…
que a todos os vaya bien
y hasta dentro de mucho tiempo.

LXXVII

SONETO AL CAMINO TRANSITADO

Recuerdo a Fernando Quiñones

Todos estos días, cuando yo a ti te leía,
olía la sangre de la Piriñaca.
Versos rotos, desde dentro, destaca.
¡Casta de alma desgarrada, bullía!

Fernando, ¿cómo puedes gloriar eso?
Son la exclusividad, versos de dioses,
alma gozosa para que la gloses.
Poeta alzado, andaluz confeso.

Nacido en la íntegra Chiclana,
arrimado a La Isla y Sancti Petri.
Creciste donde estuvo la diana.

Cádiz, grandiosa, abrazó tus almas,
enorme injerto para gran juglar.
Flamenco egregio que tú encarnas.

LXXVIII

MEJOR ESCRITO

Siempre los había dicho,
nunca había escrito un sentimiento.
Así, plasmados, son más profundos,
una huella,
un varias veces «te quiero».

Un mensaje de ese alma que habla,
un secreto a la lumbre de la luna,
un rescoldo al abrigo de un cántico.
Arrastrado en el río buscando ese mar,
eras tú el océano.

Desde entonces, navegamos juntos.
Quisimos los fríos, las lluvias,
las quemaduras del sol.
Abrazados en la balsa idealizada,
el día se hizo tibio, escampó,
el cielo se tamizó.

Nos dimos un beso,
largo, hasta que hubo amanecido.

LXXIX

PESADILLA

Sueños imposibles,
fantasías sin sentido;
en el mejor de los casos,
una descerebrada utopía.

La alternancia de la vecería,
cíclica y sin retorno,
una quimera inexistente.
Regalo llovido cargado de pedrisco,
subidas, decantadas y escanciadas,
laberinto de acequias,
vueltas y vueltas.
Al final, era una noria,
y la máquina que lloraba,
dando vueltas, era una bestia
y se estaba dando cuenta.

El duermevela despierto
sonaba a lastre.
¿Y el lastrado quién era?
Cromatismo ictérico,
y en los confines, sólo balasto.

Me levanté y vi una peonía.
Resoplé.

LXXX

La brisa venía de cara

La brisa venía de cara y fui despegando.
Mi corazón iba latiendo por ti,
tratando que fueses tú mi destino.
La oscuridad de mi luz,
la penumbra mía,
vislumbraba latidos y olía emociones.
Me aferré a lo que yo de ti podía,
iba ardiendo sin arder,
prendido en la llaga de una herida.

De un sueño me desperté,
vino un tiempo largo en demasía,
supuse un sueño despierto,
sentí tu tez, tu vaho, tu ardor.
Eras tú, que estabas;
no tenía que idealizar nada.
Eres tú, ese sueño que yo tenía,
el imposible existía.
Bailé la música de un soplo tuyo.

Me llamaste, me mostraste,
vi que eras mi realidad
de tu mirada llamándome.

Desvestida, en un beso de hechizo,
vivimos el abrazo deseado.
Aquella brisa que imaginé
tuvo que ser verdad;
me fui volando a la inmensidad,
flotábamos.

El vuelo lo hicimos juntos.

LXXXI

ESE DÍA QUE RECUERDES

Ese día que recuerdes,
que sea cuando nos cruzamos al entrar,
cuando nos cedimos el paso
los dos por el mismo lado;
cuando sujeté la puerta
y cuando pasaste delante de mí,
cuando cruzamos nuestras miradas,
descubrí tu cara y la caricia que irradiaba.

Ese día que recuerdes,
que sea cuando nos intercambiamos una sonrisa,
cuando te sonrojaste de pudor
al tocarse nuestras manos;
cuando me disculpé
y cuando en un balbuceo me respondiste
«no tiene importancia».
Miré y te vi a ti aupada al empíreo.

Ese día que recuerdes,
que sea cuando al salir se alumbró el cielo,
cuando para acompañar tu sonrojo,
nació un candilazo.
Cuando al cruzar la calle,

se aceraron las calzadas para abrirte el paso
y cuando te bailaron las bandadas de estorninos.
Volviste la cara y volvimos a cruzar nuestros deseos.

No he vuelto a verte y, desde entonces,
todos los días tengo un rato largo
el pomo de esa puerta asido
con la mano y buscándote ansiado,
por si tú aparecieras,
poder abrirte la puerta,
para que se crucen otra vez nuestros ojos
y vuelvan a tropezarse nuestras manos.

No he vuelto a verte y, desde entonces,
miro por todos los espejos,
por si en alguno de sus azogues apareciera tu reflejo,
el tuyo sonrosado que grabaste en mi cerebro.
Sigo ilusionado de vivir en la esperanza,
de volver a hallarnos
y revivir ese momento único
que en mi intimidad me pregunto a diario.

Quisiera una tormenta,
quisiera un relámpago,
quisiera un rayo,
quisiera que fueses tú.
Si tú llegarás,
tronaría el cosmos,
donde los meandros sean torrenteras,
porque tú estarías desbordando tu delta.

Es ese el día que me gustaría que recuerdes;
a diario, yo lo hago.
A una estrella le he puesto tus ojos para fijarme
en tu cautela al trasluz;
es la más brillante del cielo,
todas las noches nos miramos
por si acaso tú fueses ella.
Indago y no te hallo como yo quisiera.

Persisto.

Ese día que recuerdes,
que sea el que hayamos podido
en el reencontrar para siempre,
mirarnos fijamente imantados
y entrelazar nuestras manos;
transgrediríamos lo que nos quedare por vivir.
Críptica,
una luminosa profecía.

En el ardor vidente,
ansío la inmediatez del presente.
Veo que está al llegar
y respiro.
Aspiro a verte.

Índice

Para esta edición se empleó, para el interior,
un papel ahuesado Coral Book Ivory de 90 g/m^2
y para la cubierta, cartulina Freelife Mérida de 300 g/m^2.
La tipografía usada en la integridad del poemario
ha sido AGaramondPro-Regular.